MYTHOLOGIE GRECQUE

HISTOIRES DU PANTHÉON GREC

ADAM ANDINO

CONTENTS

Introduction   1

Chapitre 1 : Les dieux de l'Olympe   4

Chapitre 2 : Hommes et monstres   16

Chapitre 3 : La création des dieux et des hommes   25

Chapitre 4 : Persée   31

Chapitre 5 : La vie et les travaux d'Héraclès   36

Chapitre 6 : Thésée   47

Conclusion   53

INTRODUCTION

Imaginez que vous viviez dans l'Antiquité et que vous deviez donner un sens au monde. Vous avez l'impression que tout est là pour vous tuer et vous ne savez pas pourquoi. La solution, bien sûr, est de raconter une histoire. C'est ce qu'ont fait les Grecs de l'Antiquité, d'une manière si belle et si complexe qu'elle capte encore nos esprits aujourd'hui. Ce que l'on appelle aujourd'hui la mythologie était pour eux leur religion et la base même de leur société. Les conteurs de ces histoires étaient considérés comme bénis par les Muses. Les contes qu'ils racontaient étaient le murmure des Muses sur les aventures du dieu. Chaque conte fournissait des conseils et des informations sur ce qui se passait au sommet de l'Olympe. Ils étaient une source d'inspiration et d'instruction, et apportaient de l'espoir, du désespoir, des avertissements, des explications et, oui, même du divertissement.

Les récits de la Grèce antique représentent de multiples aspects de l'humanité et de sa perception du monde. Les dieux n'étaient pas des êtres parfaits : ils aimaient, haïssaient et agissaient comme le feraient les humains. Ils étaient les miroirs divins des désirs humains. La mythologie grecque est centrée sur douze dieux principaux, chacun d'entre eux représentant un aspect de la nature. Il y avait les dieux du tonnerre, de l'eau, de la mort, de la vie, de la fertilité et bien d'autres encore. En dehors des douze dieux olympiens, les Grecs croyaient et vénéraient de nombreux autres dieux. Leurs philosophes (Platon, Socrate, Aristote...) témoignent de leur volonté d'explorer et d'expliquer les phénomènes naturels. Cette volonté de ne faire qu'un avec leur environnement et de le comprendre a donné naissance à des dizaines de dieux et d'esprits. La plupart de ces histoires étaient orales, bien que les Grecs aient tenté plus tard de les consigner par écrit. Il est intéressant de noter que certains membres de la société grecque considéraient ces histoires comme des divertissements exagérés. Cependant, la grande majorité d'entre eux les intégraient à leur vie quotidienne et à leurs croyances spirituelles. Les athées et les agnostiques étaient considérés comme des sacrilèges et les incroyants étaient sévèrement punis par les dieux.

Dans la Grèce antique, la religion était une activité profondément personnelle et quotidienne. L'Église et l'État ne faisaient qu'un. Tous les aspects de la vie étaient influencés par les dieux, qui intervenaient régulièrement dans la vie humaine. Les Grecs croyaient que les dieux aimaient, exigeaient et répondaient au culte. C'est pourquoi ils construisaient des temples et des sites sacrés, sacrifiaient des animaux et faisaient des libations (c'est-à-dire qu'ils versaient une boisson, généralement une forme d'alcool, en guise d'offrande à leurs dieux). Des festivals, des concours artistiques et des événements sportifs étaient organisés pour honorer les dieux et évoquer leurs faveurs. Au cours de ces événements, la guerre était interdite et un passage sûr était accordé à tous. De nombreuses villes avaient des dieux protecteurs. Par exemple, Athéna était la patronne d'Athènes et Apollon celle de Delphes. Certains lieux étaient considérés comme ayant un lien spirituel profond avec les dieux. Par conséquent, ces lieux étaient visités aussi bien par la royauté que par les paysans. Leurs prêtres étaient tenus en haute estime et un voyage dans ces régions était considéré comme un pèlerinage.

Les dieux avaient des représentants sous la forme de prêtres, d'oracles et d'assistants. Les Grecs recherchaient ces représentants pour qu'ils accomplissent des rites et transmettent la sagesse et le commandement des dieux. Les Grecs croyaient que l'avenir pouvait être vu grâce à l'augure. Les entrailles des animaux sacrifiés - porcs, chèvres, moutons et vaches - étaient souvent examinées pour connaître les événements à venir. Le sexe des animaux était toujours le même que celui du dieu invoqué ou honoré. Il est intéressant de noter que, malgré le rôle limité des femmes dans la société grecque, elles pouvaient également être prêtres. Toutefois, leur sélection dépendait de leur virginité et du fait qu'elles aient dépassé la ménopause. Tandis que les prêtres célébraient les cérémonies, le discours théologique sur les dieux était l'apanage des fonctionnaires de la cité.

Si beaucoup pratiquaient un culte public et formel, le culte personnel était tout aussi important pour les Grecs de l'Antiquité. Le sol de la cheminée, appelé foyer, était considéré comme sacré et les gens offraient des cadeaux, de l'encens, du vin, des fleurs et de la nourriture pour honorer le dieu de leur choix. Ceux qui en avaient les moyens pratiquaient leurs propres sacrifices d'animaux sur des sites personnels. On croyait que les ordres des dieux pouvaient être trouvés dans les conversations ordinaires et le comportement des animaux. Des groupes entiers avaient des rites qui n'étaient connus que d'eux, et l'on pensait que l'accomplissement de ces rites conférait des dons spéciaux à ceux qui les pratiquaient. Les rites étaient pratiqués à diverses occasions, notamment avant et pendant la guerre, au moment de partir en voyage, lors des mariages et du passage à l'âge adulte, pour n'en citer que quelques-uns.

La religion faisait partie intégrante de la société grecque antique. Elle se reflétait dans les actions quotidiennes des Grecs, qui cherchaient à honorer et à obtenir l'aide de leurs nombreux dieux, en particulier les douze principaux dieux du mont Olympe. Les histoires de ces dieux sont devenues un guide pour les Grecs de l'Antiquité et une source de fascination et de divertissement pour la société moderne.

CHAPITRE 1 : LES DIEUX DE L'OLYMPE

Les douze principaux dieux du panthéon grec étaient au centre de la mythologie grecque. Ces dieux étaient censés résider sur la plus haute montagne de Grèce, le mont Olympe : le mont Olympe. Les histoires racontent leur montée en puissance et leurs relations avec les mortels et les monstres. Les dieux bénissaient, maudissaient et créaient. Ils étaient capricieux et manifestaient les mêmes désirs et émotions que l'humanité.

Bien que la plupart des récits ne mentionnent que 12 dieux de l'Olympe, ce chapitre en énumère 14. Hadès est le 13th dieu inclus dans cette liste bien qu'il ne soit pas considéré comme un dieu de l'Olympe. Plutôt que de vivre au sommet du mont Olympe, Hadès réside dans les Enfers, dont il est le souverain. La raison pour laquelle il y a un dieu 14th dans cette liste est que, selon la source à laquelle vous vous référez, certaines histoires nomment Hestia comme étant un Olympien, alors que d'autres incluent Dionysos à la place.

À la tête des Olympiens se trouvait Zeus : père des dieux et dieu du tonnerre. Bien qu'il soit le dernier enfant de ses parents (Rhéa et Cronos), Zeus est le premier des dieux. Il est souvent décrit comme tenant un éclair dans sa main droite, avec un aigle perché sur sa main gauche. Il porte également un sceptre royal. Zeus est parfois représenté portant un énorme bouclier et une couronne de feuilles de chêne. Il a une barbe et une silhouette imposantes et ressemble à un homme ayant atteint l'âge adulte. Le père des dieux est également considéré comme le seigneur du ciel et de la justice, qui contrôle les conditions météorologiques, le destin et la royauté. Zeus était également considéré comme le chef féroce et le protecteur des dieux et des hommes. Il est le frère d'Héra, de Déméter, d'Hadès, d'Hestia et de Poséidon, et le père des autres dieux de l'Olympe. Zeus a obtenu la domination du ciel après un tirage au sort entre lui et ses frères Hadès et Poséidon.

Zeus est également marié à Héra. Cependant, de nombreux récits font état de son infidélité à son égard. Les histoires abondent sur Zeus prenant de nombreuses formes différentes pour s'accoupler avec des humains et d'autres êtres surnaturels. Les enfants de Zeus nés de femmes mortelles étaient considérés comme des demi-dieux. Ces enfants ont accompli de nombreux exploits. Outre les principaux dieux et demi-dieux qu'il a engendrés, Zeus a également eu les Muses, les Trois Grâces, les déesses des saisons et les Parques. L'infidélité constante de Zeus à Héra a créé un conflit permanent entre les deux. Zeus se donnait souvent beaucoup de mal pour lui cacher ses activités amoureuses.

On dit également que Zeus a eu six femmes avant Héra. Métis (qu'il a ensuite avalée), Thémis, Eurynome, son autre sœur Déméter, Mnémosyne et Léto. Ces femmes lui ont toutes donné des enfants puissants.

Les habitants de la Grèce antique vénéraient et craignaient Zeus et faisaient appel à lui pour protéger leurs maisons, leurs familles et leurs biens. Zeus était tout-puissant et pouvait lancer son éclair depuis l'Olympe pour frapper les coupables n'importe où dans le monde. Son orgueil et sa nature insensible ont conduit Héra et plusieurs autres dieux à mener une éphémère rébellion contre lui. Le châtiment de Zeus à l'égard des dissidents fut rapide et brutal.

Héra

Connue comme la reine des dieux, Héra est associée au mariage, aux femmes et à la fertilité. Elle est souvent représentée comme modeste, matrone, belle et solennelle.

La vache, le coucou et le paon sont considérés comme sacrés pour elle. On fait généralement appel à Héra pour aider et protéger les femmes et les enfants. Sa protection s'étend en particulier aux femmes qui accouchent. Il est intéressant de noter que les spécialistes pensent que son véritable nom est inconnu, car "Héra" signifie "Dame" ou "Maîtresse". Bien qu'elle soit la mère des dieux, Héra est parfois considérée comme une vierge. Cela est dû à la croyance selon laquelle elle restaure sa virginité chaque année en se baignant dans une source.

Son mariage avec son plus jeune frère est le fruit d'une ruse. On raconte que Zeus s'est transformé en coucou blessé et s'est présenté à elle. L'amour profond d'Héra pour les animaux l'incita à prendre l'"animal" et à le tenir contre sa poitrine pour le réchauffer. Zeus reprend alors sa vraie forme et couche avec elle. Héra, honteuse d'avoir été trompée, accepta de l'épouser. Malgré le début de leur mariage, Héra resta profondément fidèle à son mari. Elle était extrêmement jalouse et punissait à la fois les femmes que Zeus courtisait et les enfants qui résultaient de son infidélité. De nombreuses histoires racontent qu'elle était à l'affût et qu'elle le poursuivait pour le prendre en flagrant délit de tromperie. Alors que Zeus se sentait libre de fréquenter d'autres personnes, il punissait tous ceux qui tentaient d'établir une relation intime avec Héra. En conséquence, malgré sa grande beauté, elle ne fut courtisée que par son mari.

Héra est souvent dépeinte comme ayant une forte personnalité. Elle n'a pas peur de s'opposer à son mari. En fait, elle a conspiré avec Poséidon, Athéna et plusieurs autres dieux pour droguer Zeus et lui voler son éclair. Pour la punir, on l'a suspendue au ciel avec des chaînes en or jusqu'à ce qu'elle promette de ne plus jamais se rebeller contre Zeus.

On dit principalement qu'Héra a eu quatre enfants avec son mari : Arès, Héphaïstos, Eileithyia et Hébé. Cependant, le nombre varie de trois à dix selon les récits.

Déméter

Déméter était considérée comme la déesse de l'agriculture. Elle était également considérée comme la déesse du monde souterrain, de la naissance, de la santé et du mariage. Son nom indique qu'elle était considérée comme une figure maternelle. Les changements de saison sont attribués aux sentiments qu'elle éprouve pour sa fille Perséphone, née de son union avec Zeus. L'histoire raconte que sa fille a été enlevée et emmenée aux Enfers par Hadès. Lorsqu'elle apprend la nouvelle, Déméter part à la recherche de sa fille. Son chagrin est si grand que la terre devient stérile. Zeus finit par intervenir alors que l'humanité souffre et appelle à l'aide tandis que les récoltes meurent. Entre-temps, Perséphone a mangé des graines de grenade que lui avait données Hadès, ce qui l'a obligée à passer la moitié de l'année avec Déméter et l'autre moitié avec Hadès dans le monde souterrain. Le printemps et l'été reflètent la joie de Déméter d'avoir sa fille auprès d'elle, tandis que l'automne et l'hiver témoignent de son chagrin pendant que sa fille est enfermée dans les Enfers.

Déméter est généralement représentée comme modeste, matrone et royale. Elle porte une corne d'abondance et une couronne de fleurs. Elle est parfois représentée sur un char avec sa fille. Toutes deux portent du blé, des épis, des sceptres et des torches. Le festival Thesmophoria est une célébration exclusivement féminine. On lui attribue également le mérite d'avoir enseigné aux hommes comment cultiver et utiliser le maïs. Deux animaux sacrés pour elle sont le serpent et le cochon.

Bien qu'elle soit l'épouse de Zeus, Déméter aurait eu d'autres amants et leur aurait donné des enfants.

Poséidon

Poséidon est généralement connu comme le dieu de la mer. Il était également considéré comme le dieu des chevaux et des tremblements de terre. Poséidon était considéré comme un dieu violent, capricieux, avide, vengeur et au sang chaud. Poséidon est représenté ressemblant à Zeus et portant un trident. Son cri est aussi fort que celui de dix mille hommes. Il chevauche également un char tiré par des chevaux. Poséidon est également lubrique et ne demande pas toujours le consentement des femmes qu'il aime. Comme Zeus, il changeait de forme pour les séduire ou les prendre de force. Malgré ses nombreuses liaisons, il était marié à Amphitrite, une Océanide (nymphe des mers).

La nature de Poséidon le met souvent en opposition avec les dieux et les hommes. Il participe à la rébellion contre Zeus et est envoyé au service de Laomédon, un roi troyen. Il s'oppose également à Athéna pour la propriété d'Athènes. Ils étaient chargés d'offrir un cadeau à la ville d'Athènes, et celui dont le cadeau était considéré comme le meilleur obtenait la propriété de la ville. Poséidon utilisa son trident pour frapper le sol et créer un ruisseau, tandis qu'Athéna créa un olivier. Athéna remporta le concours.

Les marins le vénéraient et courtisaient ses faveurs avant de prendre la mer. On dit que Poséidon est capable de créer des tremblements de terre en frappant le sol avec son trident. Cet aspect de sa nature le reliait à la terre, bien qu'il soit un dieu de la mer. On dit qu'il possède un palais de coraux et de pierres précieuses, situé au fond de l'océan. Poséidon a également engendré de nombreux chevaux avec différentes femmes.

Hestia

Hestia est la plus âgée des Olympiens et la déesse du foyer. Contrairement à ses frères et sœurs au tempérament plus affirmé, elle est considérée comme un être au cœur pur et pacifique. Son devoir était de rester sur le mont Olympe et de s'occuper du feu. Comme ses sœurs, elle est représentée comme une matrone et modeste. Elle est souvent représentée portant un voile et un bâton. Elle est généralement représentée tenant des fleurs ou debout près d'un feu. Son statut de déesse du foyer témoigne de son importance dans la culture grecque. Elle est associée à l'hospitalité, au bonheur et à la communauté, et reçoit la première et la meilleure des offrandes. Des offrandes lui sont faites au début et à la fin de chaque repas, et le feu doit être rituellement éteint en son honneur.

Hestia était vénérée comme une déesse vierge. On raconte que Poséidon et Apollon voulaient tous deux l'épouser. Pour maintenir la paix dans l'Olympe, elle posa sa main sur la tête de Zeus et jura de rester vierge à jamais. Hestia est souvent remplacée par Dionysos dans le panthéon.

Aphrodite

Aphrodite est connue comme la déesse de l'amour, de la jeunesse éternelle et de la beauté. Des récits contradictoires affirment qu'elle est la tante ou la sœur de Zeus. Si elle est sa tante, sa naissance résulte du fait que Cronos a coupé les parties génitales de son père Uranus et les a jetées dans la mer. Aphrodite a jailli de la mousse de mer sur laquelle elle a atterri. En tant que fille de Cronus, elle serait le résultat de son union avec la déesse Dioné.

On raconte que la beauté d'Aphrodite était si grande que les dieux la désiraient tous. Pour éviter une guerre, Zeus la maria au dieu "laid", Héphaïstos. Cette union n'a pas été choisie par Aphrodite, qui a eu de nombreux amants mortels et immortels, comme Hermès et Dionysos. Son amant le plus fréquent est Arès, dieu de la guerre. Son enfant le plus célèbre est Éros, mieux connu dans la mythologie romaine sous le nom de Cupidon, qu'elle envoyait souvent tirer sur les dieux et les hommes avec ses flèches.

Aphrodite est généralement représentée nue, avec un visage et une silhouette de femme idéale. Elle est considérée à la fois comme désirable et inaccessible. Elle est également connue pour être vindicative, punissant les femmes qui tombent amoureuses d'Arès, qui semblent plus désirables qu'elle, ainsi que les hommes et les femmes qui tentent de résister à son pouvoir.

Héphaïstos

Héphaïstos est connu comme le dieu du feu et des forgerons. Il est considéré comme laid. Deux histoires circulent sur sa naissance et sur la façon dont il est devenu boiteux. L'une affirme qu'il est le fils de Zeus et d'Héra, qui est intervenu en faveur de sa mère lors d'une querelle entre les deux époux. Furieux, Zeus l'aurait chassé du ciel, lui brisant les jambes. L'autre histoire raconte qu'Héra a conçu et mis au monde Héphaïstos elle-même pour se venger de Zeus qui avait eu Athéna. Horrifiée par son apparence difforme, elle l'a ensuite jeté dans le monde, lui brisant les jambes. Il fut sauvé et hébergé par des nymphes de la mer jusqu'à ce qu'il reprenne sa place dans l'Olympe.

Malgré son apparence, Héphaïstos est connu pour fabriquer de belles choses. Sa forge était un volcan et il fabriquait de nombreuses armes que les dieux brandissaient. Héphaïstos a également créé leurs maisons et leurs meubles et a fait fabriquer des assistants en or. Il est généralement représenté jeune ou dans la force de l'âge, avec des cheveux en bataille. Il est également marié à Aphrodite.

Athéna

Athéna est connue comme la déesse de la sagesse, du tissage et de la guerre. Sa naissance a été quelque peu inhabituelle, même pour les dieux. La première femme de Zeus, Métis, devait, selon la prophétie, donner naissance à un fils qui deviendrait plus puissant que lui. Pour éviter cela, Zeus a avalé sa femme. Mais Métis était déjà enceinte d'Athéna. Un jour, Zeus se plaignit d'un terrible mal de tête. Son fils Héphaïstos lui frappe la tête avec un marteau et Athéna adulte surgit, vêtue d'une armure. Son cri était féroce et Zeus était rempli de fierté. Elle était connue comme sa préférée, à la fois pour sa nature féroce et parce qu'il l'avait lui-même mise au monde.

Athéna est souvent représentée en armure ou vêtue d'une robe ancienne et portant un bouclier avec la tête de Méduse en son centre. Elle est représentée sévère, belle et autoritaire, avec des yeux gris. Elle est également représentée portant une lance et un casque de style corinthien. Une chouette est souvent posée sur son épaule, ce qui indique qu'elle est la déesse de la sagesse. Elle est également représentée avec un fuseau à la main, représentant son rôle de déesse de l'artisanat.

Bien qu'elle soit la déesse de la guerre, Athéna n'est pas assoiffée de sang. Elle croyait plutôt à la résolution des problèmes par l'intelligence et la diplomatie, la guerre n'étant qu'un dernier recours. Et même dans ce cas, elle estimait que la guerre ne devait être menée que pour des causes nobles et justes. Elle est montrée comme étant plus puissante que son frère, Arès, qui était également un dieu de la guerre. Athéna est également connue comme la déesse vierge, car elle ne s'est jamais mariée et n'a jamais pris d'amant.

Ares

Arès est connu comme le dieu de la guerre. Il est destructeur et cruel, et on dit qu'il n'est aimé de personne, à l'exception d'Aphrodite. Ses propres parents, Zeus et Héra, le détestent. Contrairement à Athéna, Arès participerait à des guerres inutiles et sanglantes. Il est souvent représenté portant un casque et des armes. Il chevauche un char tiré par quatre chevaux et est accompagné de vautours. On dit d'Arès qu'il est lâche et qu'il s'indigne de toute blessure qu'il reçoit. Il est le père des Amazones et le principal amant d'Aphrodite. Dans les histoires, Arès est généralement humilié.

Artémis

Artémis est connue comme la déesse de la lune, de la chasse, de la chasteté et de la nature. Artémis est également connue pour guérir les maladies des femmes, protéger les enfants et aider à l'accouchement. Elle est la fille de Zeus et de Léto, et la sœur jumelle aînée d'Apollon. Artémis protège farouchement son jumeau. On dit qu'une Héra jalouse a maudit leur mère pour qu'elle n'accouche jamais sur la terre ferme. Léto a accouché sur une île flottante et lorsque Artémis est née, elle a aidé à la naissance de son frère.

Artémis est l'une des divinités les plus aimées et les plus respectées. Elle est représentée comme une jeune chasseresse, portant un arc et ayant un chien de chasse à ses côtés. En tant que déesse de la lune, elle porte une couronne en forme de croissant de lune et une longue robe. Lorsqu'elle était encore jeune, elle demanda à Zeus de lui permettre de garder sa virginité pour toujours. Elle est devenue farouchement protectrice de sa virginité et de celle de ses prêtresses. Les dieux protégeaient également sa virginité et attaquaient tous ceux qui osaient la toucher lorsqu'elle ne pouvait pas se défendre.

Apollo

Apollon est connu comme le dieu du soleil, de la prophétie, de la guérison, des arts, de la connaissance, de la beauté, de l'ordre, des fléaux, de l'agriculture et du tir à l'arc. Il est le jumeau cadet d'Artémis. Apollon est considéré comme le parfait spécimen de la masculinité. Il est souvent représenté jeune et athlétique, portant une couronne de laurier et un arc et des flèches ou une lyre. Apollon est devenu le dieu de la musique après que son frère Hermès lui a volé son bétail. En guise d'excuse, Hermès lui a donné la lyre, qu'il (Hermès) avait inventée.

On attribue à Apollon le mérite d'avoir enseigné aux hommes l'art de la guérison. Il a également reçu le don de prophétie en raison de sa fidélité, de son honnêteté et de son intégrité. Il a eu de nombreux amants, hommes et femmes, mais ses liaisons se terminaient généralement par une tragédie.

Hermes

Hermès était connu comme le dieu messager et le dieu des voleurs, des troupeaux, des voyageurs, des athlètes et du commerce. Il est le fils de Zeus et de la nymphe Maia. On raconte que quelques jours après sa naissance, Hermès inventa la lyre. Il alla ensuite voler les vaches de son frère Apollon et brouilla les pistes. Apollon le traqua et il échangea sa lyre contre les vaches. Il est connu pour être à la fois rapide et intelligent et est considéré comme un dieu filou. Il est également le seul des douze Olympiens à pouvoir voyager librement entre le monde des vivants et celui des morts. Hermès est également considéré comme un guide dans le monde souterrain. On dit qu'Hermès a inventé la parole. Les dieux l'aimaient et plusieurs d'entre eux lui ont appris à chasser et à jouer de la cornemuse. Il accompagnait souvent Zeus dans ses ébats, délivrait des messages à ses amantes et le couvrait auprès d'Héra.

Hermès est représenté comme un jeune homme athlétique portant des sandales ailées. Il porte un chapeau à larges bords et un caducée (deux serpents s'enroulant autour d'un court bâton ailé). Hermès apparaît dans de nombreux contes comme un messager des dieux et un guide pour les héros.

Dionysos

Dionysos est parfois appelé le "dieu de la fête". Il est le dieu du vin et de la fertilité. Dionysos remplace souvent Hestia dans le panthéon grec. Il est le fils de Zeus et de Sémélé, une femme mortelle. Zeus est apparu à Sémélé sous la forme d'une entité invisible, et elle a accueilli son affection. Cependant, Héra l'a trompée en lui faisant vouloir voir la forme de Zeus. Enceinte, Sémélé convainquit Zeus sous serment de se révéler, mais lorsqu'il le fit, sa gloire la réduisit en cendres. Zeus prit le fœtus et le cousit dans sa cuisse jusqu'à ce que Dionysos soit assez mûr pour naître. Dionysos fut ensuite tué par les Titans qui le mirent en pièces sur les ordres d'Héra. Cependant, sa grand-mère, Rhéa, le ressuscita et Zeus le cacha parmi les nymphes des montagnes.

Dionysos errait sur la terre, enseignant aux hommes le vin. Il était accompagné de femmes sauvages appelées les Maenades. Ses disciples entraient souvent dans un état d'extase religieuse et de folie. Dionysos était vénéré aux côtés de Déméter comme l'un des principaux dieux de la terre. Il est représenté comme un jeune homme semi-nu (ou nu) aux traits féminins. Dionysos a été le dernier dieu à rejoindre le panthéon grec. Il a épousé la princesse mortelle Ariane.

Hadès

Hadès est connu comme le dieu des Enfers. Il est également considéré comme le dieu de la richesse, car des pierres précieuses et des métaux précieux ont été extraits du sol. Hadès n'est pas considéré comme l'un des Olympiens, mais il est tout de même considéré comme le frère de Zeus et des autres. Les Grecs de l'Antiquité considéraient Hadès avec respect et terreur. On dit qu'il quitte rarement les Enfers et qu'il ne fait qu'un avec son royaume. Il est représenté sous la forme d'un personnage barbu, en deuil, portant un casque et une arme à deux branches appelée bident. Il porte parfois les clés de son royaume ou un bâton et chevauche un char. Cerbère (le chien à trois têtes qui garde la porte des Enfers) est généralement à ses côtés. En représentation de son statut de dieu de la richesse, il est généralement représenté portant une corne d'abondance.

Le rôle d'Hadès dans le jugement et la punition était de superviser. Les tortures proprement dites étaient exécutées par des créatures appelées furies. Comme Hestia, sa nature diffère de celle de ses frères et sœurs. Il est distant et ne se laisse pas influencer par les sacrifices. Sa personnalité est aussi immuable que la mort. Hadès était parfois appelé "l'autre Zeus" par les Grecs de l'Antiquité. Ils pensaient que tous les hommes finissaient par le servir dans son royaume. Hadès interférait rarement avec la terre des vivants et gardait jalousement ses morts. Bien qu'il défende leurs droits, il se mettait facilement en colère si l'une de ses âmes cherchait à s'échapper ou à être secourue par d'autres.

Les Grecs le craignaient et le désignaient souvent par son royaume. Il n'est représenté que dans très peu d'œuvres d'art et d'histoires. L'histoire la plus célèbre est celle où il tombe amoureux de sa femme, Perséphone, et l'enlève.

CHAPITRE 2 : HOMMES ET MONSTRES

La mythologie grecque regorge d'histoires de héros, de pécheurs, de sorcières et de monstres. Toutes ces entités sont fortement influencées par les dieux. Les enfants des dieux ont accompli de grandes actions et de grandes cruautés. Pour leurs efforts, ils étaient soit récompensés, soit condamnés.

Héraclès

Héraclès est considéré comme le plus puissant des héros grecs. Il a longtemps été considéré comme un exemple de force, de bravoure et de masculinité. Selon la mythologie grecque, ses exploits, son dévouement et ses triomphes en dépit de l'opposition lui ont valu une place parmi les dieux. Malgré l'image positive de cet aspect de sa personnalité, Héraclès est dépeint comme coléreux et impulsif. Sa force surhumaine est attribuée à Zeus, son père. Le sang du héros Persée coule également dans ses veines par l'intermédiaire de sa mère, Alcmène (petite-fille de Persée). Le fait d'être le fils de Zeus lui a également valu d'être la cible d'Héra. La déesse jalouse a tenté à plusieurs reprises de le détruire avant même sa naissance. La plus belle histoire d'Héraclès est celle des douze travaux qu'il dut accomplir en guise de punition pour avoir tué sa première femme et ses enfants. Nous reviendrons sur cette histoire plus tard !

Persée

Persée est considéré comme l'un des plus anciens héros de la mythologie grecque. Il serait le fils de la princesse Danaé et de Zeus. On raconte qu'alors que Danaé dormait, Zeus lui apparut dans une pluie d'or et coucha avec elle. Le jeune demi-dieu grandit dans une paix relative jusqu'à ce qu'un roi cherche à se débarrasser de lui pour pouvoir s'approprier la mère de Persée. On attribue à Persée le mérite d'avoir tué Méduse avec l'aide d'Athéna et d'Hermès. On dit également qu'il a créé les montagnes de l'Atlas en transformant le géant Atlas en pierre.

Aeacus

Aeacus est considéré comme l'un des trois juges du monde souterrain. Toutefois, ce rôle a été repris après sa mort. Dans sa vie mortelle, il était roi d'Égine. On dit qu'Aeacus est le fils de Zeus et de la fille d'un dieu fluvial du nom d'Aegina. Zeus amena Aegina sur une terre inhabitée - qui fut plus tard nommée en son honneur - où elle donna naissance à Aeacus. Une version de l'histoire prétend que l'île était naturellement dépourvue d'hommes, tandis que l'autre accuse Héra d'avoir chassé les hommes par une épidémie. Quelle qu'en soit la cause, Zeus transforma toutes les fourmis en hommes, donnant naissance à la race des Myrmidons.

Aeacus est loué par son peuple comme étant un roi juste et équitable. Les dieux et les hommes de toute la Grèce recherchaient ses conseils. Son jugement était très respecté. C'est pourquoi, à sa mort, il continua à rendre des jugements dans les Enfers.

Achille

Le guerrier Achille est le fils du mortel Pélée, roi des Myrmidons, et de la nymphe des eaux Thétis. Thétis, dans le but de rendre Achille invincible, le plongea dans le Styx. Cependant, elle le tenait par le talon pour le faire. En conséquence, tout son corps devint invincible, à l'exception de son talon, qui devint son seul point faible. C'est à la suite de cette histoire que cette partie du corps a été appelée "tendon d'Achille", un terme qui est encore utilisé aujourd'hui. Achille a été élevé à l'abri des regards et déguisé en fille pendant ses années de formation. Il finit cependant par s'engager dans la guerre de Troie, aux côtés du roi grec Agamemnon.

Pendant la majeure partie des dix années de la guerre, Achille a joué un rôle essentiel. Il mets à sac de nombreuses villes et tue le prince troyen, Troïlus. C'était important pour les Grecs, car il avait été prophétisé que la ville de Troie tomberait si le prince mourait avant son vingtième anniversaire. Cependant, Achille s'éloigne de la guerre pendant un certain temps, car le roi Agamemnon l'a insulté en lui prenant son amante nouvellement capturée. Les Grecs ont souffert au combat à cause de cela, et le roi et son ami l'ont supplié de reprendre la guerre. Achille refuse jusqu'à ce qu'il apprenne que son ami a été tué au combat. Achille, éploré et enragé, reprit le combat. Mais Apollon intervient et envoie la flèche du prince Pâris (responsable du début de la guerre) directement dans le talon d'Achille. Le coup tue le puissant guerrier.

Hector

Hector est le prince héritier de Troie et son plus grand guerrier. Il était opposé à la guerre de Troie et a tenté de négocier la paix avec les Grecs. Cependant, ses efforts sont restés vains. On dit de lui qu'il était un homme bon, un fils, un père, un mari et un prince. On dit également qu'il était aimé d'Apollon. Hector était connu pour sa bravoure au combat et le respect qu'il portait à ses adversaires. Malheureusement, il rendit Achille furieux après avoir tué Patrocle, l'ami d'Achille. Ils se sont battus en duel et Hector a pris peur et s'est enfui. Cependant, il décida finalement de se retourner et de faire face à son destin. Achille le tue et traîne son corps derrière son char pendant douze jours. Les Troyens finirent par le récupérer et l'enterrèrent avec honneur.

Thésée

Thésée, l'un des premiers rois d'Athènes, était un héros puissant. Il était considéré comme un défenseur courageux et juste, l'incarnation même de l'homme d'Athènes. S'il est clair que sa mère était la princesse Aethra, l'identité de son véritable père est controversée. Bien qu'il ait été reconnu comme le fils du roi Égée d'Athènes, certains ont également affirmé qu'il était le fils de Poséidon. Thésée est surtout connu pour avoir vaincu le minotaure du labyrinthe.

Jason

Contrairement à de nombreux héros de la mythologie grecque, Jason n'était pas un demi-dieu. Il était le fils du roi Aeson et de la reine Alcimede. Cependant, son demi-oncle Pélias a volé le trône. Pour le protéger, Jason a été envoyé en isolement. Contrairement aux héros qui étaient les enfants illégitimes de Zeus, Jason a obtenu l'aide d'Héra. Elle l'a guidé dans sa quête de la toison d'or. Cette quête lui avait été confiée par son oncle, qui craignait Jason en raison d'une prophétie lui disant de se méfier d'une personne correspondant à la description de Jason. Le voyage de Jason a été facilité par un groupe d'hommes et de femmes courageux, les Argonautes. L'un de ces Argonautes était le héros Héraclès. Ils sont partis en bateau et ont surmonté de nombreux obstacles pour atteindre leur but.

Odysseus

Ulysse est le héros de la célèbre épopée d'Homère, l'Odyssée. Comme Jason, il est né de parents mortels, Laertes et Anticléa. Ulysse était courageux, plein de ressources, rusé, charismatique et sage. Il était connu pour être un orateur éloquent, un stratège hors pair et un filou. Cependant, son habileté s'est avérée être sa perte. Ulysse s'est présenté comme l'un des nombreux prétendants d'Hélène de Troie. Après avoir perdu tout espoir de la conquérir, il propose à son beau-père une solution pour maintenir la paix entre ses prétendants. Il dit au roi - le beau-père d'Hélène - de faire prêter serment à chaque prétendant de protéger celui qui sera choisi comme époux d'Hélène.

Lorsque Hélène a été volée, Ulysse a été appelé à se battre en tant que l'un de ses anciens prétendants. Cependant, Ulysse était heureux avec sa femme, Pénélope. Il était également au courant d'une prophétie qui lui annonçait qu'il traverserait de nombreuses épreuves et serait absent pendant de nombreuses années. Il tente d'échapper à la conscription en feignant la folie, mais il est démasqué. Il finit par accepter de participer à la guerre. Ulysse s'est révélé être un tacticien militaire redoutable et s'est bien comporté pendant la bataille.

Malheureusement, le voyage de retour dura dix ans. Pendant cette période, il contraria Poséidon, rencontra une sorcière et vécut de nombreuses aventures dangereuses. Lorsqu'il rentra chez lui, vingt ans après son départ, il trouva sa femme assaillie par des prétendants. Ulysse les tue tous et reprend son trône.

Orphée

Orphée était le fils du roi Oegrus de Thrace et de la muse Calliope. Le sang de sa mère a fait de lui un poète, un musicien et un prophète habile et célèbre. Il maîtrisa la lyre sous la tutelle d'Apollon. Il était si doué que la nature dansait au son de sa musique. Orphée était l'un des Argonautes et c'est sa musique qui les a sauvés des Sirènes. Plus tard, il rencontra et épousa Eurydice. Malheureusement, elle a marché dans un nid de vipères et est morte après avoir été mordue. Orphée n'a pas pu accepter sa mort et s'est rendu aux Enfers en jouant de sa musique tout au long du trajet. Il charma Charon et endormit Cerbère. Perséphone, ravie de son dévouement et de sa musique, convainquit Hadès de lui donner une chance de sauver sa femme. Hadès accepta à condition qu'Orphée conduise Eurydice hors du monde souterrain sans jamais se retourner. Malheureusement, Orphée cède à la tentation et Eurydice est ramenée aux Enfers. Orphée fut contraint de vivre sans elle, mais ils furent finalement réunis à sa mort.

Chiron

Chiron était le fils d'un titan, le premier centaure et le demi-frère de Zeus. Son père, Cronos, avait été infidèle à sa femme Rhéa et avait couché avec la nymphe Philyra. Pour échapper à la colère de Rhéa, Cronos se transforma en cheval. Chiron est né mi-homme, mi-cheval. Contrairement aux autres centaures, ses pattes avant étaient humaines. Il était également gentil, érudit et civilisé, alors que les autres centaures étaient violents et enclins à l'indulgence. Chiron était réputé pour sa sagesse et sa capacité à enseigner. Il a été le tuteur de héros tels qu'Héraclès, Achille et Jason. Il perdit son immortalité lorsqu'Héraclès lui décocha accidentellement une flèche empoisonnée. Saignant et souffrant, il renonça à son immortalité pour libérer Prométhée, à la demande de l'élève qui lui avait tiré dessus.

Charon

Charon était connu comme le passeur des morts et le fils de Nyx et d'Erebus. On disait que lorsque Hermès rassemblait les âmes des morts, il les escortait jusqu'aux fleuves Achéron et Styx. Charon leur faisait alors traverser le monde souterrain. Il faisait payer à chaque âme une pièce de monnaie pour la faire traverser. Les Grecs de l'Antiquité veillaient à laisser cette pièce à leurs morts, car on pensait qu'il refuserait de transporter ceux qui ne pourraient pas payer sa taxe. Ces personnes erraient dans le monde comme des fantômes. Charon est décrit comme très laid, avec un nez tordu et une barbe. Il porte un chapeau conique et est souvent représenté en train de diriger son bateau.

Prométhée

Prométhée est le fils du Titan Iapetus et de la nymphe Clymène. Il était connu comme le dieu du feu et le premier et ultime filou. Il était très intelligent et artisan. Lors du combat entre les Olympiens, Prométhée se joignit aux dieux plus jeunes et conçut le plan qui conduisit à la défaite des Titans. Cependant, il défia plus tard les dieux et donna à l'homme la connaissance du feu. Pour le punir, Zeus l'enchaîna et demanda à un aigle de se régaler de son foie constamment régénéré. Il fut finalement libéré par Héraclès et fit la paix avec Zeus.

Atlas

Atlas était le frère de Prométhée et le fils de Iapetus et de Clymène. Il était le chef de la rébellion des Titans et fut puni par Zeus pour porter à jamais le ciel. Atlas fut brièvement libéré de cette obligation par Héraclès, qui l'incita par la ruse à porter à nouveau le ciel sur ses épaules. Finalement, le héros Persée utilisa la tête de Méduse pour transformer Atlas en pierre. Il est alors connu sous le nom de mont Atlas.

Typhon

Le fils du Tartare et de Gaïa était un être redoutable et le père de tous les monstres. Il est décrit comme étant assez grand pour toucher les étoiles, et son torse était humain. Typhon avait une centaine de jambes et de bras de vipères et des têtes de dragons. Ses yeux brillaient d'une lueur rouge et il avait des centaines d'ailes. Sa tête humaine avait des oreilles pointues et une barbe en désordre. Typhon avait la peau noire et était complètement sale. On disait que certaines de ses têtes étaient celles d'animaux différents, comme des taureaux et des sangliers. Les spires de ses mains s'étendaient d'est en ouest et du feu sortait de sa bouche. Sa naissance est parfois attribuée à Héra, qui aurait voulu créer un être plus puissant que Zeus. Cependant, Typhon fut vaincu par Zeus et jeté aux Enfers.

Il était marié à Echidna, et ensemble ils ont eu plusieurs enfants, dont le Sphinx, Cerbère, Hydre et Chimère. Typhon est associé aux forces volcaniques et aux vents dangereux.

Echidné

L'épouse de Typhon était décrite comme ayant le haut du corps d'une femme et le bas celui d'un serpent. Les récits sur les origines d'Echidna ne sont pas très clairs. Certains affirment qu'elle était l'enfant de Gaia et du Tartare, tandis que d'autres disent que ses parents étaient Ceto et Phorcys. Echidna était associée à la corruption de la terre (pourriture, maladie, eaux sales, boue). Elle naissait et grandissait dans une grotte et se nourrissait des voyageurs de passage. Echidna et son mari, Typhon, inspiraient la terreur et la crainte aux Grecs de l'Antiquité.

Les Sirènes

Les Sirènes sont les filles d'une Muse et d'Achelous, le dieu de la rivière. Elles sont décrites comme un mélange de femmes et d'oiseaux. Si leur visage était humain, leur corps était celui d'un oiseau. C'est à Déméter que l'on doit leur transformation de nymphes en oiseaux. Un conte raconte qu'elles ont aidé Déméter dans sa quête de Perséphone et qu'elles ont reçu des ailes pour voler en guise de récompense. D'autres histoires suggèrent qu'elles se sont transformées en oiseaux en guise de punition.

Les sœurs vivaient sur trois petites îles rocheuses où les cadavres en décomposition de leurs victimes jonchaient le sol. Elles chantaient les marins de passage jusqu'à ce qu'ils meurent. Leur chant était enchanteur, mais ne faisait pas le poids face aux Muses qui gagnèrent un défi de chant contre elles, puis arrachèrent leurs plumes et les transformèrent en couronnes. La prophétie voulait qu'elles meurent si un mortel survivait à leur chant. Les Argonautes leur échappèrent lorsque le héros, Orphée, étouffa leur chant en jouant sa musique. Les sirènes survécurent à cette rencontre mais furent vaincues par Ulysse qui demanda à ses marins de leur boucher les oreilles avec de la cire et de l'attacher au mât de son navire alors qu'il passait devant leur maison. Les sirènes se sont jetées à la mort.

CHAPITRE 3 : LA CRÉATION DES DIEUX ET DES HOMMES

Comme toutes les religions, les Grecs avaient leur propre histoire sur la façon dont le monde a commencé. Pour eux, l'univers qu'ils connaissaient était le résultat de la naissance, du chaos et de la guerre.

Au début

Le monde a commencé par le vaste néant du Chaos. Du Chaos surgirent les deux premiers dieux primordiaux, Erebus et Nyx. Tous deux étaient des êtres de ténèbres et de silence, mais c'est d'eux que naquirent Eros (l'amour), Aether (l'air supérieur) et Hemera (le jour). Cependant, tout le monde craignait Nyx et la fuyait. Peu aimée de tous, à l'exception de son frère, elle mit au monde ses propres enfants, afin d'avoir une famille qui l'aimerait. Les noms de certains de ces enfants étaient Thanatos (la mort), Ker (le malheur), Geras (la vieillesse), Hypnos (le sommeil), Oneiroi (les rêves), Oizus (la douleur), et bien d'autres encore.

Le chaos renaît et Gaïa, la terre, et le Tartare, le monde souterrain, voient le jour. Gaïa donna elle-même naissance à Uranus (les cieux). La terre et les cieux s'accouplèrent et donnèrent naissance aux douze Titans, aux trois Cyclopes et aux trois Hécatoncheires (les cent mains). Mais Uranus n'aimait pas ses enfants. Au contraire, il les emprisonna au plus profond du ventre de Gaïa. En colère, Gaïa tenta de dresser ses enfants contre son mari. Tous, sauf le plus jeune, Cronus, étaient trop effrayés. Prenant la grande faucille que sa mère avait façonnée, il coupa les organes génitaux de son père qui s'apprêtait à coucher avec sa mère. Le sang de la castration tomba sur la terre et produisit les Furies, les Nymphes du frêne (les Meliae) et les géants. Lorsque ses organes génitaux tombèrent dans la mer, on dit qu'Aphrodite, la déesse de l'amour, vit le jour. Cet acte sépara le ciel et la terre et Uranus disparut. En partant, il promit que les Titans auraient à payer un lourd tribut pour ce que Cronos avait fait.

En tant que nouveau maître de l'univers, Cronus emprisonne les Hécan-toncheires et les Cyclopes. Il épousa ensuite sa sœur, Rhéa. Sous leur règne, les Titans prospèrent et se reproduisent. Ils donnèrent naissance aux nymphes, aux dieux des fleuves, au soleil, à la lune, à l'aube et à bien d'autres choses encore. Mais les paroles d'Uranus ne pouvaient être niées. Une prophétie fut faite selon laquelle Cronos serait tué par l'un de ses fils. Pour éviter cela, Cronus avala chacun de ses enfants à leur naissance. Hadès, Hestia, Déméter, Héra et Poséidon furent tous arrachés à leur mère et dévorés. Comme Gaïa, Rhéa était furieuse de ce qui avait été fait à ses enfants et cherchait à se venger. Elle se cacha au moment de donner naissance à son sixième enfant, Zeus, et le confia aux nymphes. Elle emmaillota alors une pierre et la donna à avaler à Cronos. Le dieu s'exécuta et partit, pensant avoir évité un désastre.

Élevé par une nymphe et une chèvre, Zeus devient un jeune homme fort et cherche à rencontrer Métis (la sagesse). Grâce à ses conseils, il conçoit un plan pour vaincre son père. Métis prépara un vin qui ferait vomir le dieu, et Zeus se déguisa en échanson de son père. Après avoir gagné la confiance de Cronus, Zeus lui glissa ce que Cronus pensait être son vin préféré. Cronus vomit Omphalos, surnommé le Nombril, et ses cinq enfants. En remerciement, ces enfants reconn-urent Zeus comme leur chef, bien qu'il soit le plus jeune.

Mais la menace de leur père demeurait. Il s'était affaibli avec l'âge, mais il demanda l'aide de ses frères et sœurs, les Titans. Ces derniers craignaient les nouveaux dieux et se rallièrent à eux sur l'ordre de Cronus. Une bataille acharnée fut menée pendant plus de dix ans, les Titans remportant de nombreuses victoires. Cette guerre de dix ans est connue sous le nom de Titanomachie. Les Titans étaient dirigés par Atlas et combattaient depuis leur résidence du mont Othrys. Cependant, ils n'étaient pas tous d'accord avec le désir du dieu le plus âgé de régner. Deux Titans, Prométhée et Thémis, se rangèrent du côté des dieux plus jeunes. Guidés par Gaïa, ils contribuèrent à faire pencher la balance en faveur des Olympiens.

Gaia guida Zeus pour qu'il se rende aux Enfers et libère les Hécantoncheires et les Cyclopes. Cela libéra enfin ses enfants, qui se joignirent à la bataille. Prométhée conçut le plan qui conduisit à la victoire. Les Olympiens s'attaquèrent aux Titans tandis que les Hécantoncheires tendaient une embuscade. Zeus attira les Titans dans leur piège par une retraite stratégique. Les Hécantoncheires firent pleuvoir des rochers sur les têtes des Titans jusqu'à ce qu'ils s'enfuient. Zeus revendiqua le trône de l'univers et exila les Titans, les enfermant dans le Tartare. Atlas, quant à lui, fut contraint de porter le ciel sur ses épaules pour l'éternité. La Titanomachie s'achève ainsi, mais ce n'est pas vraiment la fin. Une fois de plus indignée par l'emprisonnement de ses enfants, Gaïa donna naissance au terrifiant Typhon. Grâce à ses foudres, Zeus le vainquit au combat et le scella sous la terre. On dit qu'il grogne sous le volcan de l'Etna, attendant le moment où il se relèvera pour affronter Zeus.

L'âge des hommes

Les dieux s'élevaient et s'abaissaient, tout comme ceux qu'ils avaient créés. Les Grecs pensaient qu'il y avait cinq grands âges de l'homme et de son évolution. Lorsque Cronos régnait, il créa l'homme et le rendit parfait. Le peuple vivait dans un printemps éternel et vieillissait à reculons. Ils mouraient comme s'ils s'endormaient, puis ils erraient sur la terre comme des fantômes. Les hommes vivaient comme des dieux et ne connaissaient ni le chagrin, ni la douleur, ni le labeur. Les dieux pourvoyaient à tous leurs besoins et tout était paisible. C'était une époque de beauté et de perfection qui s'acheva avec l'avènement des Olympiens.

Le monde entre alors dans l'ère de l'argent, où Zeus diminue l'apparence et la sagesse de l'homme et crée les quatre saisons de l'année. L'homme ne marche plus de concert avec les dieux et est contraint de travailler et de créer des abris. Malgré cela, les enfants gardent leur innocence et sont libres de gambader pendant les cent premières années de leur vie. Cependant, les hommes n'honoraient plus les dieux comme avant, et Zeus devint furieux. Il fit de la mort une partie de leur vie et décréta qu'ils descendraient aux Enfers en tant qu'esprits bénis à leur mort.

Ce labeur et cette agitation se sont accrus à l'âge du bronze. Zeus a utilisé le frêne pour former l'homme. Ces hommes étaient terribles et durs. Ils se nourrissaient essentiellement de viande et se faisaient la guerre. Leurs maisons et leurs armes étaient en bronze et les combats occupaient toute leur existence. Ils n'avaient pas d'âme et languissaient dans le monde souterrain après leur mort. Finalement, un grand déluge se produisit et nettoya la terre.

Puis vint l'âge des héros. Pandore avait eu une fille nommée Pyrrha, qui avait épousé le fils de Prométhée, Deucalion. Seuls survivants du déluge, ils créèrent des hommes à partir de pierres pour repeupler la terre. À cette époque, les demi-dieux abondent et les hommes accomplissent de grandes actions. C'est à l'époque des héros que l'homme se rapproche le plus de ce qu'il était auparavant. Des héros comme Achille, Héraclès et bien d'autres ont inspiré leurs semblables et conduit leur peuple à la victoire sur leurs ennemis avec la faveur et l'aide des Olympiens. Cependant, nombre de ces héros sont morts au cours de guerres ou à la suite de leurs actions et de leur orgueil démesuré. Les hommes et les femmes qui étaient courageux et honoraient les dieux entraient au paradis, Elysium, lorsqu'ils mouraient. Les injustes et les blasphémateurs étaient punis dans les Enfers.

Enfin, il y a eu l'âge de fer. La distance entre Dieu et l'homme a fait souffrir l'homme. Ils sont devenus plus égoïstes, plus cupides et plus fourbes. Le frère s'est retourné contre le frère et tout semblant de respect de la loi a disparu. Les vertus et les dieux eux-mêmes sont abandonnés. En réponse, les dieux abandonnèrent la terre à ses souffrances. C'est ainsi que l'homme vit dans le labeur et la misère jusqu'à ce que Zeus détruise enfin la race humaine pour repartir sur de nouvelles bases.

Prométhée et Pandore

À la fin de l'âge d'or, les hommes sont devenus très mécontents des dieux. Ils murmuraient contre eux et apprenaient à leurs enfants à faire de même. En colère, Zeus leur a caché la connaissance du feu. L'humanité ne pouvait pas survivre sans ce savoir, et son existence même était menacée. Le Titan Prométhée vit leur souffrance et compatissait avec eux. Il vola l'un des éclairs de Zeus et l'utilisa pour enseigner le feu aux hommes. Zeus, furieux, enchaîna Prométhée à un rocher. Les punitions de Prométhée furent nombreuses. Les tempêtes s'abattaient sur lui et le soleil brûlait sa chair. Un aigle apparaissait chaque jour pour manger son foie, qui se régénérait chaque jour. Prométhée subit ce sort pendant mille ans.

Mais la colère de Zeus n'est pas apaisée. Il décida que l'homme devait également être puni pour ce qui avait été fait. C'est ainsi que la première femme fut créée. Héphaïstos la façonna dans l'argile et Aphrodite lui donna sa féminité. Athéna lui a enseigné l'artisanat, tandis qu'Hermès lui a enseigné la curiosité et la tromperie. Les dieux la nommèrent Pandore et la considérèrent comme la perfection humaine.

Ils lui ont également donné un bocal - plus tard appelé boîte - contenant des "cadeaux spéciaux". Cependant, ils l'ont avertie de ne jamais l'ouvrir. Elle fut alors confiée à Epiméthée, le frère de Prométhée. Malgré l'avertissement de son frère de ne jamais accepter de cadeaux des dieux, Epiméthée tomba amoureux de la beauté de Pandore et l'épousa. Au début, Pandore essaya d'être forte et de garder la boîte fermée comme les dieux le lui avaient conseillé. Mais sa curiosité l'emporta et elle ouvrit la boîte. Les résultats furent dévastateurs. La mort, la maladie, l'envie, les conflits et bien d'autres choses encore s'échappèrent pour envahir la terre et apporter douleur et angoisse à l'homme. Lorsque Pandore vit les maux s'échapper, elle referma la boîte. Mais il était trop tard. Tout s'était échappé, et seul l'espoir restait enfermé à l'intérieur. C'était un dessein de Zeus, qui voulait que les hommes souffrent pour leur manque de respect envers les dieux.

CHAPITRE 4 : PERSÉE

Acrisius, roi d'Argos, s'est vu annoncer par l'oracle de Delphes qu'il serait tué par son petit-fils. Or, Acrisius avait spolié son frère jumeau de son héritage. Son ambition était grande et il n'avait pas l'intention de renoncer à sa vie ou à son royaume. Il a donc enfermé sa fille, Danaé, dans une chambre de bronze souterraine, loin de tout homme susceptible de la séduire. La chambre n'avait pas de fenêtre et le roi pensait être à l'abri de la prophétie. Cependant, la beauté de Danaé attira l'attention de Zeus. Se transformant en une pluie d'or, il se glissa dans la chambre par une fissure du toit et coucha avec elle. Danaé tomba enceinte, mais réussit à le cacher à son père, qui lui rendait rarement visite. Lorsqu'il arriva enfin, elle avait déjà accouché. Acrisius est furieux. Il refuse de croire qu'elle a reçu la visite du père des dieux. Lorsque Danaé accoucha, le roi les enferma, elle et son petit garçon, dans un coffre en bois et les fit jeter à la mer.

Mais les dieux en ont pris note et les ont guidés à travers des eaux troubles jusqu'à l'île de Seriphos. Le frère du roi de l'île, Dictys, était en train de pêcher et le coffre s'est pris dans son filet. L'humble pêcheur et prince accueillit les deux hommes dans sa maison et éleva Persée comme s'il était le sien. Dictys savait comment les deux seraient perçus par les Sériphiens et leur roi, aussi les cacha-t-il à l'abri des regards indiscrets. Plusieurs années passèrent avant que quelqu'un n'apprenne leur existence. Son frère, le roi Polydectès, tomba éperdument amoureux de Danaé. Il lui fit la cour avec des mots et des cadeaux, mais la princesse, timide et réservée, refusa son offre. Le roi, orgueilleux, n'accepte pas le refus. Il considère son fils, Persée, comme un obstacle qui l'empêche d'obtenir ce qu'il veut et décide donc de s'en débarrasser. Si Persée n'était plus là, il n'y aurait plus personne pour l'empêcher de s'emparer de Danaé.

Polydectes conçoit alors un plan. Il simula des fiançailles avec Hippodamie, princesse de Pise. En l'honneur de ces fiançailles, tous les habitants de Sériphos devaient lui offrir un cheval. Cependant, Persée venait d'un pays étranger. Il n'avait pas de chevaux ni d'argent pour en acheter. Sa fierté le pousse à offrir autre chose

"Demande-moi quelque chose, roi Polydectès", dit-il. "Et je te l'apporterai."

Le roi Polydectès sourit. L'offre de Persée correspondait exactement à ce qu'il souhaitait.

"Au lieu d'un cheval, apportez-moi la tête de Méduse", a-t-il déclaré.

Méduse était une Gorgone, la petite-fille de Gaïa. Contrairement à ses autres sœurs monstrueuses, elle était une belle mortelle. Poséidon fut tellement frappé par sa beauté qu'il coucha avec elle dans le temple d'Athéna. La déesse en fut indignée et transforma Méduse en un être hideux. Sa chevelure autrefois ravissante se transforma en serpents et son regard transforma les hommes en pierre. Des défenses et des crocs lui poussèrent et elle devint la plus laide de ses sœurs. Polydète pensait qu'envoyer Persée à sa poursuite reviendrait à condamner le jeune homme à la mort. Cependant, il n'aurait rien à se reprocher. Après tout, Persée avait proposé au roi de lui apporter tout ce qu'il désirait.

Persée savait à quel point cette quête était dangereuse, mais il ne pouvait pas refuser. Il avait donné sa parole. Il partit donc à la recherche de Méduse. Il parcourut la terre en vain et finit par céder au désespoir. Voyant sa situation difficile, deux dieux eurent pitié de lui et lui apparurent. La femelle était grande, aux yeux gris et solennelle, tandis que le mâle était espiègle et portait des sandales ailées.

"Je suis Athéna et voici Hermès", explique la femme. "Nous sommes venus vous aider dans votre quête."

"Pour trouver Méduse, tu dois chercher ses sœurs, les Graeae ; elles te diront où aller", dit Hermès.

Hermès lui offre alors une épée, tandis qu'Athéna lui donne son bouclier. Ainsi armé, Persée se mit en route pour faire ce qu'ils lui avaient conseillé. Il trouva la grotte des Graeae et jeta un coup d'œil à l'intérieur. Les sœurs avaient des cheveux gris filasses et partageaient entre elles une seule dent et un seul œil. Persée attendit que l'une d'elles retire l'œil pour le passer à une autre. Il se leva immédiatement et s'empara de l'œil.

"Je ne le rendrai pas tant que vous ne m'aurez pas dit où je peux trouver Medusa", leur dit-il.

Ils se mirent d'accord. "Va voir les Nymphes du Styx, elles te mèneront à elle". En plus des indications, elles lui donnèrent le bonnet d'invisibilité d'Hadès, des sandales ailées et un sac magique pour contenir les morts de Méduse - bien que certaines versions du récit suggèrent que ces objets furent plutôt donnés à Persée par Athéna et Hermès. Quoi qu'il en soit, Persée savait désormais où aller et était bien armé. Il leur rendit leur œil et poursuivit son chemin.

Les nymphes lui révélèrent l'emplacement de Méduse. Il la trouva endormie avec ses sœurs dans une grotte. Persée se sert de son bouclier comme d'un reflet pour ne pas regarder le mortel devenu monstre dans les yeux. Les sandales ailées rendent sa progression rapide et silencieuse tandis que le bonnet le rend invisible. Athéna, toujours en colère contre Méduse, guide sa main. D'un seul coup, Persée coupe la tête de Méduse et la place dans le sac. Mais la Gorgone a été fécondée par Poséidon. Ses enfants sortirent de son cou : le guerrier d'or Chrysaor et le cheval ailé Pégase. Le bruit de leur naissance réveilla les deux autres Gorgones. Voyant leur sœur morte, elles gémirent et tentèrent d'attaquer Persée. Mais celui-ci étant invisible, elles ne purent le blesser. Leurs cris étaient si forts et si douloureux que même la vengeresse Athéna fut émue. Elle créa le double tuyau - l'aulos - pour imiter leurs pl eurs.

Après avoir accompli sa quête, Persée reprit le chemin du retour. Après un long moment, il arriva à l'endroit où Atlas tenait le ciel sur ses épaules. Épuisé et assoiffé, il demanda au Titan de le nourrir et de l'abriter pour la nuit. Mais on avait dit à Atlas qu'un jour quelqu'un viendrait le tromper et lui voler ses pommes. Craignant cette prophétie, il refusa d'aider Persée. En colère, Persée sortit la tête de Méduse. Un seul regard suffit à transformer le géant en pierre. Persée remit la tête dans le sac et continua sa route.

Son chemin l'a mené en Éthiopie où il a vu un spectacle qui l'a choqué. Une belle jeune femme était enchaînée à un rocher au bord de la mer. Persée en tomba profondément amoureux. Il découvre qu'il s'agit de la princesse Andromède et se rend chez son père, le roi Céphée, pour lui demander sa main. Mais la princesse était une vierge sacrifiée pour sauver le peuple. Sa mère, la reine Cassiopée, avait déclaré qu'elle était plus belle que les nymphes de la mer, appelées Néréides. Ces nymphes étaient les gardiennes de Poséidon et elles se plaignaient à lui dans une amère colère. Poséidon entendit leurs plaintes et envoya le monstre marin, Cetus, ravager les côtes de l'Éthiopie. Désespéré, le roi Céphus demanda de l'aide à Zeus. Le dieu lui dit que le seul moyen de se libérer était d'enchaîner l'innocente Andromède à un rocher. C'est ce qu'ils firent, et ils attendaient maintenant que le monstre s'empare d'elle.

Après avoir entendu l'histoire, Persée conclut un marché avec le roi. Il sauverait la princesse et, en échange, le roi donnerait son accord pour qu'ils se marient. Le roi Céphée accepta. Persée retourna à la mer et attendit l'apparition de Cetus. Le monstre surgit de la mer, bavant dans l'attente de son repas. Comme il l'avait fait avec Méduse, Persée lui trancha la tête et libéra la princesse. Le roi Céphus honore son accord et se réjouit de l'arrivée d'un gendre courageux.

Mais son frère Phineus n'est pas content. Il s'était d'abord vu promettre la main d'Andromède et estimait qu'il méritait de l'avoir maintenant qu'elle ne serait plus sacrifiée. Rassemblant ses alliés, il défia le roi. Persée était non seulement amoureux d'Andromède, mais il ne croyait pas que quelqu'un qui s'était détourné d'elle et avait permis qu'elle soit sacrifiée avait le droit de l'avoir. Il dit au roi

Céphée et à ses alliés de détourner le regard et arrache la tête de Méduse. Tous ceux qui ont écouté son avertissement ont été épargnés, mais Phinée et ses camarades ont été transformés en pierre. Persée et Andromède sont désormais libres de se marier. Ils se marièrent avec bonheur et Persée rentra chez lui avec sa nouvelle épouse.

Enfin, il arrive sur l'île de Sériphos. Là, il apprit de son père adoptif Dictys que sa mère était poursuivie par Polydectès malgré ses nombreux refus. Ce harcèlement de sa mère le rendit furieux. Il prit d'assaut le palais et interrompit le festin que le roi Polydectès donnait avec ses serviteurs. Une fois de plus, il sort la tête de Méduse et tous les convives se transforment en pierre. Ils sont figés en train de manger et Danaé est enfin libre. Persée mit alors Dictys sur le trône en tant que roi de Sériphos.

À cette époque, Persée a appris à connaître son héritage. Avec sa femme et sa mère, il se rendit à Argos pour faire la paix avec le roi Acrisios. Son grand-père entendit parler de son arrivée et se souvint de la prophétie selon laquelle l'un de ses petits-fils le tuerait. Craignant pour sa vie, le roi s'enfuit. Persée et sa famille apprirent bientôt le départ d'Acrisios et poursuivirent leur route. Au cours de son voyage, le jeune héros entendit parler d'une compétition sportive et s'y rendit pour y participer. Son lancer de disque fut si puissant qu'il vola dans le public et frappa un vieil homme, le tuant. Persée apprend alors que l'homme qu'il vient de tuer est son propre grand-père.

Le trône d'Argos est transmis à Persée après la mort de son grand-père. Persée refusa par honte et culpabilité et enterra le vieux roi. Il alla trouver son cousin, le roi Mégapenthès, et lui proposa un échange : il régnerait sur Tiryns - qui était le royaume de Mégapenthès - et Mégapenthès régnerait sur Argos. Le roi accepta le marché et les deux royaumes permutèrent. Persée vécut ensuite heureux avec Andromède. Ils eurent beaucoup d'enfants et il finit par fonder le royaume de Mycènes.

CHAPITRE 5 : LA VIE ET LES TRAVAUX D'HÉRACLÈS

Les débuts du plus grand héros grec

Le puissant héros Héraclès est un autre produit de l'œil émerveillé de Zeus. Le dieu désirait la reine Alcmène, petite-fille de Persée, et coucha avec elle alors qu'il était déguisé en son mari, Amphitryon. Cependant, son mari coucha également avec elle cette nuit-là et elle tomba enceinte de jumeaux. Héra entendit parler de cette infidélité et fut furieuse. Elle conçoit un plan pour punir Zeus et détruire l'enfant.

Lorsque les jumeaux sont nés, elle n'a pas pu déterminer lequel était le fils bâtard de son mari. Elle a envoyé deux serpents dans le berceau où les bébés étaient couchés ensemble. Les deux bébés réagirent différemment. Iphiclès, le jumeau d'Héraclès, pleura tandis qu'Héraclès étrangla les deux serpents sans hésiter, prouvant ainsi qu'il était bien l'enfant de Zeus. Dès lors, Héra concentra sur lui sa rage jalouse.

Sa mère, Alcmène, craint la colère d'Héra et prend la difficile décision d'abandonner son fils dans un champ. Mais Zeus envoie Athéna pour intervenir. La déesse de la sagesse apporta le bébé à Héra et lui dit qu'elle avait sauvé un enfant étrange. Malgré sa nature vengeresse, Héra est restée une mère. Elle prit Héraclès et l'allaita sur son sein. Mais le bébé Héraclès était fort et impatient, et il mordit trop fort le mamelon. Sous l'effet de la douleur, Héra l'éloigna et son lait jaillit, créant la Voie lactée. Athéna prit l'enfant et le présenta à Alcmène et Amphitryon. Le roi et la reine comprirent que les dieux protégeraient Héraclès et le gardèrent avec plaisir.

Héraclès devint un jeune homme fort, fier et passionné. Son entourage lui enseigna le tir à l'arc, la boxe, la lutte, la conduite des chars, l'écriture, la musique et l'escrime. Le centaure Chiron lui enseigna la sagesse. Héraclès ne manquait de rien lorsqu'il était enfant et excellait dans tout ce qu'il faisait. Son premier acte héroïque eut lieu lorsque le lion Thespien s'attaqua aux troupeaux d'Amphitryon et à ceux de son voisin, le roi Thespius. Héraclès arracha un olivier du sol et le transforma en massue. La massue à la main, il chassa le lion pendant cinquante jours et le tua.

Le roi Thespius est impressionné par la force et la bravoure du jeune prince qui vient d'atteindre l'âge adulte. Il décida que son royaume serait fort si toutes ses filles portaient des enfants d'Héraclès. Thespies accueillit Héraclès dans sa maison avec honneur. Pendant les cinquante nuits où Héraclès chercha le lion, le roi Thespius envoya chacune de ses filles dormir avec le jeune héros. Héraclès était incapable de faire la différence entre les cinquante sœurs. Il croyait dormir chaque nuit avec la même. Les cinquante princesses conçurent et mirent au monde ses enfants.

Après ses aventures avec le lion et les princesses, Héraclès poursuivit son voyage de retour. En chemin, il rencontra les Hérold du roi Erginus. Erginus était furieux contre les Thébains à cause du meurtre de son père. Il entra en guerre contre Thèbes et tua un grand nombre de ses habitants. Il les obligea ensuite à conclure un traité par lequel ils s'engageaient à lui verser cent bœufs chaque année pendant vingt ans. C'est au cours de la collecte annuelle de ce tribut qu'Héraclès rencontra les Hérold. Après avoir pris connaissance de leur dessein, il leur coupa les mains, les oreilles et le nez. Il les attacha ensuite autour de leur cou et les renvoya à leur r oi.

"Voici le tribut", leur dit-il, "Portez ceci au roi Erginus".

Cela irrita encore plus le roi qui rassembla son armée et marcha contre Thèbes. Héraclès l'a rencontré et l'a vaincu. La défense de Thèbes par Héraclès amena le roi Créon, reconnaissant, à donner sa fille, Mégara, à Héraclès pour qu'il l'épouse. Les deux se marièrent et eurent plusieurs enfants ensemble.

Mais Héra avait observé et attendu son heure. Voyant Héraclès heureux et acclamé comme un héros, elle décida une fois de plus de le détruire. Cette fois, elle le frappa de folie. Héraclès perdit la raison et tua sa femme et ses enfants. Lorsqu'il reprit ses esprits, il était dévasté. Il décida de se tuer par culpabilité et par désespoir, mais Thésée, son cousin, le convainquit du contraire.

"Le suicide est une solution de lâcheté", lui dit Thésée. "Il vaut mieux vivre et expier ses péchés."

Héraclès alla donc voir l'oracle de Delphes pour savoir ce qu'il devait faire pour montrer qu'il se repentait de ses crimes et pour les réparer. L'oracle l'envoya chez son cousin, le roi Eurystée.

Les douze travaux d'Héraclès

Pour le punir, l'oracle a dit qu'Héraclès devait être le serviteur d'Eurystée pendant douze ans. Si, pendant cette période, il accomplissait dix travaux, il obtiendrait l'immortalité. Héraclès considérait son cousin comme inférieur à lui et n'était pas satisfait de ce qu'on lui avait dit de faire, mais il se plia aux ordres de l'oracle. Le roi Eurystée était également en désaccord avec son cousin. Le roi complota avec Héra pour tuer Héraclès. C'est avec joie qu'il confia à Héraclès sa première tâche.

Le roi Eurystée déclara qu'Héraclès devait débarrasser Némée d'un lion monstrueux. Enfant de Typhon et d'Echidna, le lion de Némée terrorisait Némée. Le lion prenait en otage de nombreuses femmes, ce qui incitait des hommes courageux à tenter de les sauver. Cependant, quiconque pénétrait dans la grotte du lion pour libérer les otages était tué et mangé.

Héraclès rencontra un jeune garçon alors qu'il allait accomplir son premier travail. Le garçon lui demanda de tuer le lion.

"Un lion sera sacrifié à Zeus si la bête est tuée dans le mois qui suit", dit le garçon, "sinon, je me sacrifierai moi-même".

Héraclès accepta la demande du garçon et se mit à chasser le lion. Lorsqu'il le trouva, il le cribla de flèches. Malheureusement, la peau du lion ne pouvait être transpercée par aucun objet pointu. Héraclès décida alors de suivre le lion jusqu'à sa maison. Là, il bloqua une entrée et se faufila par l'autre. Il dut tâtonner dans l'obscurité pour trouver le lion et une fois qu'il l'eut trouvé, il l'assomma avec sa massue. Héraclès s'est ensuite servi de ses mains nues pour étrangler le lion à mort. La peau invincible du lion l'impressionna tellement qu'il décida de s'en servir comme armure. Mais il n'avait aucun moyen de l'enlever, jusqu'à ce qu'Athéna le guide dans l'utilisation des griffes du lion pour dépecer la bête. Héraclès se vêtit de la peau du lion, utilisa son cuir chevelu comme casque et rentra chez lui.

Bien que Haut-Roi de deux pays et petit-fils du grand héros Persée, Eurystée est faible et lâche. Il s'enfuit à l'approche de son cousin, pensant que le lion était venu se venger de lui. Mais il s'aperçut bientôt que c'était Héraclès qui portait la peau du lion et l'envoya accomplir sa deuxième tâche.

Cette fois, Héraclès fut chargé de tuer l'hydre de Lerne. Héra avait élevé le monstre dans un marais empoisonné pour qu'il tue un jour Héraclès. La bête avait une tête immortelle et huit têtes mortelles, soit un total de neuf têtes. Héraclès se couvrit la bouche et le nez pour éviter le poison du marais et attira l'attention de l'hydre en tirant des flèches enflammées près de son repaire. La bête chargea et l'attaqua, mais Héraclès parvint à couper plusieurs de ses têtes. Cependant, le jeune héros se rendit vite compte que pour chaque tête qu'il coupait, deux autres poussaient sur les moignons. Héraclès aurait pu se laisser aller au désespoir, mais il n'était pas seul. Son neveu, Iolaus (fils du frère jumeau d'Héraclès) était avec lui, et le jeune homme était aimé et béni par Athéna. La sagesse d'Athéna le guida dans l'élaboration d'un plan. Iolaus suivait Héraclès avec une torche et brûlait les souches chaque fois qu'Héraclès coupait une des têtes de l'hydre. Son stratagème fonctionna et le monstre commença à faiblir.

Mais Héra n'en a pas fini. Elle envoya un crabe géant dans la mêlée. Héraclès ne faiblit pas. D'un seul coup de pied, il détruisit la créature. Finalement, il ne resta plus que la tête immortelle de l'hydre. Héraclès la trancha avec une épée d'or offerte par Athéna. Iolaus brûla le moignon et l'hydre mourut. Sachant que le sang de l'hydre était vénéneux, Héraclès l'utilisa pour enduire la pointe de ses flèches.

Héraclès reçut alors l'ordre de son cousin de capturer la biche cérénienne. Ce cerf était à la fois rapide et aimé d'Artémis. Ses sabots étaient en bronze et ses bois en or. Héraclès chassa l'animal pendant un an avant de le capturer alors qu'il dormait. Héra avait prévu qu'Artémis punirait Héraclès en colère pour avoir osé kidnapper son cerf bien-aimé. Cependant, lorsque Héra et son jumeau Apollon se présentèrent devant Héraclès, celui-ci la supplia de lui pardonner et lui expliqua sa tâche et le but de celle-ci. Artémis, émue, accepta de le laisser partir avec l'animal à condition qu'il le libère sain et sauf.

Au retour d'Héraclès, Eurystée tenta immédiatement de s'approprier le cerf sacré. Le jeune héros trompa son cousin en essayant de ramener l'animal au palais. Lorsqu'Eurystée tenta de le faire, Héraclès libéra l'animal qui retourna en courant vers la déesse.

"Je suis désolé, cousin," fut l'excuse d'Héraclès, "tu n'as tout simplement pas été assez rapide."

Eurystée tenta à nouveau d'orchestrer la mort d'Héraclès. Cette fois, il l'envoya à la poursuite du sanglier d'Erymanthe. Ce sanglier était également sacré pour Artémis. En route pour capturer le sanglier, Héraclès s'arrêta dans la demeure de

Pholus, le centaure, et partagea un repas avec lui. Héraclès avait apporté du vin fort et non dilué, et tous les centaures s'en abreuvèrent sans l'arroser. Ils étaient tellement ivres qu'ils tentèrent d'attaquer et de tuer le héros. Héraclès se défendit en leur décochant ses flèches empoisonnées et les survivants s'enfuirent dans la grotte de Chiron. Héraclès était tellement en colère qu'il les poursuivit, toujours en tirant à l'aveugle. L'une des flèches toucha son cher mentor, Chiron.

Chiron, le premier centaure, était immortel, mais la douleur causée par le poison était insupportable. Il supplia Zeus de lui retirer son immortalité et de lui permettre d'échanger sa place avec Prométhée. Zeus accepta. Héraclès ne put supporter de voir son mentor tourmenté par l'aigle et utilisa l'une de ses flèches empoisonnées pour le tuer. Chiron expliqua ensuite à Héraclès comment capturer le sanglier.

"Il suffit de l'attirer dans la neige épaisse", lui conseilla le sage centaure.

Héraclès s'exécuta et captura facilement la créature. Lorsqu'il l'amena à son cousin, le roi terrifié se cacha et demanda à Héraclès de se débarrasser du sanglier.

Après cela, Eurystée confia à Héraclès sa cinquième tâche. Plutôt que d'essayer de le tuer, il chercha à l'humilier. Il lui ordonna donc de nettoyer les écuries du roi Augeas en une seule journée. Augeas, roi d'Elis, possédait une énorme quantité de chevaux sains, beaux et immortels. Le crottin qu'ils produisaient était abondant, mais les écuries n'avaient pas été nettoyées depuis trois décennies.

Arrivé au palais du roi Augeas, Héraclès demanda un dixième du bétail du roi s'il accomplissait sa tâche dans le temps imparti. Le roi, sceptique, accepta. Héraclès détourna immédiatement deux rivières et les étables furent nettoyées. Malheureusement, le roi Augeas refusa de respecter sa part du marché. Avec l'aide du fils d'Augeas, le prince Peneus, Héraclès traîna le roi fourbe devant les tribunaux. Le tribunal trancha en faveur d'Héraclès et le roi, furieux et déshonoré, bannit le héros et son fils du royaume avant même que la décision du tribunal ne soit connue. Héraclès, furieux, retourna immédiatement à Elis, tua le roi et mit Pénée sur le trône. Héraclès créa alors les jeux olympiques pour célébrer l'achèvement de sa tâche.

La tâche suivante d'Héraclès consistait à tuer les oiseaux stymphaliens. Il s'agissait de monstres sacrés pour Arès, dotés de becs de bronze, de plumes métalliques et d'excréments empoisonnés. Mangeurs d'hommes, ils utilisaient leurs plumes pour attaquer leurs proies. Les tentatives d'Héraclès pour les atteindre furent entravées par la profondeur du marais dans lequel ils vivaient. Il savait qu'il se noierait avant d'atteindre leur repaire. Une fois de plus, la déesse Athéna vint en aide à son demi-frère mortel. Elle lui donna un hochet qui fit sursauter les oiseaux et les fit s'envoler. Une fois dans les airs, Héraclès les abattit avec ses flèches empoisonnées. Les oiseaux survivants s'enfuirent vers des contrées lointaines.

Eurystée confia alors à Héraclès la septième tâche. Cette fois, le héros devait capturer le taureau crétois. Cette bête avait ravagé l'île de Crète. Avec la permission du roi Minos, Héraclès captura le taureau avec ses seules mains et le ramena à son cousin. Eurystée se cacha à nouveau et ordonna que le taureau soit donné en sacrifice à Héra. Cependant, en acceptant ce sacrifice, Héra aurait dû reconnaître les succès d'Héraclès et elle refusa. Héraclès laissa partir l'animal qui erra dans un autre pays où il fut finalement capturé et sacrifié à Artémis et Apollon par Thésée.

Le huitième travail consistait à capturer les juments de Diomède. Diomède, roi de Thrace, avait nourri ses chevaux de chair humaine. Cela les rendit fous et ils développèrent la capacité de cracher du feu. Héraclès se rendit compte qu'il ne pourrait pas accomplir cette tâche seul et demanda l'aide de plusieurs jeunes hommes. Ils volèrent les animaux mais furent poursuivis par l'armée thrace et durent s'enfuir. Héraclès laissa les juments à la garde de son ami Abderus pendant qu'il affrontait l'armée. Malheureusement, les juments mangèrent Abderus pendant qu'Héraclès combattait Diomède. Le héros en colère donna le roi de Thrace à manger aux juments et construisit ensuite une ville à la mémoire de son ami. Le fait de manger leur ancien maître calma les chevaux et Héraclès leur lia la bouche. Il les amena à Eurythée qui libéra les juments désormais paisibles.

Le travail suivant fut influencé par la fille d'Eurystée, Admete. La princesse désirait obtenir la ceinture que la reine Hippolyte avait reçue d'Arès. Eurystée envoya Héraclès pour obtenir la ceinture. Sur le chemin des Amazones, deux des compagnons d'Héraclès furent tués par le fils du roi Minos. Héraclès tua les princes et prit deux petits-fils de Minos pour remplacer ses compagnons tombés au combat. Il poursuivit sa route jusqu'à l'endroit où vivaient les Amazones. La reine Hippolyte, émerveillée par le héros, accepta volontiers de lui céder la ceinture, bien qu'il s'agisse d'un cadeau de son père. Cependant, Héra choisit ce moment pour frapper à nouveau. Elle fit courir le bruit parmi les Amazones qu'Héraclès essayait d'enlever leur reine. Les guerrières prirent les armes contre le héros et Héraclès, pensant qu'il s'agissait d'un complot d'Hippolyte, la tua, prit la ceinture et s'en alla.

Le dixième travail aurait été le dernier si Eurystée n'avait pas refusé de reconnaître deux des tâches. Le roi lâche ordonna à Héraclès de voler le bétail de Géryon. Pour atteindre le bétail, Héraclès dut traverser le désert de Libye. La chaleur épuisait ses forces et le frustrait tellement qu'il tira une flèche sur Hélios, le dieu du soleil. Le dieu fut impressionné par la bravoure d'Héraclès et lui offrit son char d'or. Héraclès arriva à destination en une nuit. Pour atteindre le bétail, Héraclès dut d'abord affronter Orthrus, le frère bicéphale de Cerbère. Le héros tua le chien d'un seul coup. Il tua également le gardien de troupeaux, Eurytion, qui l'avait attaqué après la mort du chien. Géryon était un géant dont les trois torses, semblables à des humains, étaient reliés par la taille. Lorsqu'il apprit ce que le héros avait fait, il s'arma de trois casques, de lances et de boucliers et affronta Héraclès. Une balle tirée par Héraclès lui transperça le front et le tua sur le coup.

Amener le bétail à Eurystée n'était pas une tâche facile. Héraclès tua deux fils de Poséidon qui tentaient de lui voler le bétail. Un taureau s'échappa dans la mer et nagea jusqu'en Italie où il rejoignit les troupeaux du roi. Héraclès confia la garde du reste du bétail au dieu Héphaïstos et partit à la recherche du taureau manquant. Lorsqu'il le trouva, le souverain, Eryx, le défia dans un combat de lutte. Héraclès gagna trois fois de suite et tua le roi.

Après avoir rassemblé tout le bétail, Héra fit face à un autre défi : Héra envoya une mouche du coche pour disperser le troupeau. Héraclès dut à nouveau les rassembler. La déesse inonda alors une rivière et Héraclès dut utiliser des pierres pour créer un pont. Il conduisit finalement le bétail jusqu'à Eurystée, où il fut sacrifié.

C'est alors qu'Eurystée annonce que deux des travaux ne sont pas valables.

"Tu as demandé à Iolaus de t'aider avec l'hydre et tu as accepté d'être payé pour nettoyer les étables du roi Augeas. Les deux fleuves ont fait le ménage à ta place", déclare le roi lâche.

Héraclès se retrouva donc à devoir accomplir une nouvelle tâche. Cette fois, Eurystée lui ordonna de voler trois pommes d'or dans le jardin des Hespérides. Ces nymphes étaient les filles d'Atlas et étaient associées au coucher du soleil. Leur jardin était situé loin à l'ouest. Pour obtenir leur emplacement précis, Héraclès s'empara de Nérée et lutta avec lui. Nérée était le fils de Gaïa. Il était connu sous le nom de "Vieil homme de la mer" et avait le don de prophétie et la capacité de se métamorphoser. Héraclès s'accrocha à Nérée malgré le fait que le dieu se transformait sous toutes ses formes. Le dieu de la mer finit par céder et dit à Héraclès ce qu'il voulait savoir.

Le voyage d'Héraclès est interrompu par Antée, le fils demi-géant de Gaïa et de Poséidon. Au cours de leur combat, Héraclès se rendit compte qu'Antée tirait sa force de la terre et devenait invincible. Le héros s'y opposa en soulevant Antée du sol et en l'écrasant à mort avec ses bras. Après cela, Héraclès trouva enfin le jardin. Cependant, le jardin était protégé et Héraclès eut du mal à récupérer les pommes d'or. Il convainquit Atlas d'accepter un échange : Héraclès soutiendrait le ciel pendant qu'Atlas irait chercher les pommes. Mais Atlas a l'intention de trahir le héros. Le Titan décida de laisser Héraclès avec son fardeau et d'apporter lui-même les pommes à Eurystée. Héraclès fit semblant d'accepter mais demanda une chose.

"Si vous voulez bien lever à nouveau le ciel pour quelques instants, j'aimerais ajuster ma cape", a-t-il dit.

Atlas accepta et reprit la direction du ciel. Mais Héraclès n'avait pas l'intention de rester. Il récupéra les pommes et poursuivit son chemin.

Enfin, Héraclès est parvenu à son dernier travail. Eurystée le chargea de capturer Cérébère, le chien à trois têtes qui gardait les Enfers. Héraclès doit d'abord apprendre les Mystères d'Éleusis, qui lui apprennent à voyager entre le monde des vivants et celui des morts. Lorsqu'il arriva à l'entrée de l'Hadès, les dieux vinrent à son secours. Athéna et Hermès l'aident à pénétrer dans le monde souterrain. Une fois arrivé, Héraclès lutta contre Charon pour traverser le fleuve Achéron en toute sécurité.

Dans les Enfers, Héraclès rencontre Thésée et Pirithoüs, enchaînés par magie à des chaises pour les punir d'avoir tenté de voler Perséphone. Il réussit à sauver Thésée (bien que la cuisse de Thésée soit restée collée à la chaise) mais ne put sauver Pirithoüs (Hadès refusa de le laisser partir parce qu'il convoitait Perséphone). Après avoir sauvé son cousin, le héros continua jusqu'à ce qu'il se tienne devant Hadès et lui demande la permission d'emprunter Cérébère.

Le dieu est d'accord. "Cependant, tu dois le prendre toi-même, sans utiliser d'armes."

Le monstrueux chien de garde ne fit pas le poids face à Héraclès et se retrouva bientôt transporté des Enfers au palais d'Eurystée. Le roi lâche se cacha à nouveau et ordonna que Cérébère soit renvoyé dans l'Hadès. Il libéra également Héraclès de tous ses travaux.

Les aventures d'Héraclès ne s'arrêtèrent pas là. Il a affronté de nombreuses épreuves, vaincu des hommes et des monstres, et voyagé très loin.

La mort d'Héraclès

Héraclès finit par épouser une femme nommée Déjanire. Elle était d'une beauté exquise et le centaure Nessus tenta de la violer. Héraclès la sauva en tirant sur le centaure avec l'une de ses flèches empoisonnées. Dans son dernier souffle, le centaure lui dit de mélanger son sang à de l'huile d'olive et de l'utiliser pour que son mari lui reste fidèle à jamais. La reine naïve le crut et prit son sang. Héraclès finit par tomber amoureux d'une autre femme. Déjanire se souvint des paroles du centaure et mélangea le sang avec de l'huile d'olive et l'étala sur la chemise d'Héraclès. Elle la lui envoya et il la porta. La toxine de l'hydre contenue dans le sang de Nessus brûla Héraclès à la seconde où il enfila la chemise. La douleur était si intense qu'il construisit un bûcher, monta dessus et supplia son entourage de l'allumer. Un passant le fit en échange de son arc et de ses flèches. Héraclès mourut et monta sur l'Olympe en tant que dieu.

CHAPITRE 6 : THÉSÉE

Les six travaux de Thésée

Malgré ses deux femmes, Égée, roi d'Athènes, se retrouve sans héritier. Comme les hommes le faisaient à l'époque, il se rendit à l'oracle de Delphes pour obtenir des conseils. Cependant, la prophétie qu'il reçut était énigmatique. Le roi Égée demanda de l'aide à Pittheus, roi de Troezen. Ce roi rusé comprit immédiatement la prophétie et s'arrangea pour que sa fille, Aethra, couche avec Égée. Cependant, Poséidon a également couché avec la princesse cette même nuit. Elle tomba bientôt enceinte. Le roi Égée décida de rentrer chez lui, mais lui recommanda de ne pas révéler à l'enfant son héritage.

"Si l'enfant est un garçon, montre-lui ce rocher où je laisserai mes cadeaux. S'il peut les récupérer, envoie-le-moi pour que je sache qu'il est l'héritier de mon royaume."

Qu'il soit le fils du roi Égée ou de Poséidon lui-même, Thésée est devenu un homme de bravoure et de pouvoir. Ses aventures commencèrent lorsqu'il atteignit l'âge adulte. Ce jour-là, sa mère lui montra la pierre qu'Égée avait laissée.

"Sous cette pierre, dit-elle, se trouvent des cadeaux de ton père. Si tu es assez fort pour la soulever et récupérer ces cadeaux, tu pourras voyager jusqu'à lui."

Thésée s'empressa de soulever la pierre et découvrit les sandales et l'épée qui s'y trouvaient cachées. Voyant qu'il était assez âgé et fort, sa mère lui conseilla de remettre les objets au roi Égée d'Athènes.

"Si tu fais cela, tu apprendras des choses sur ton père", lui dit-elle.

Thésée se met immédiatement en quête. Mais le voyage n'est pas aussi simple qu'il l'avait prévu. Son chemin le conduisit à la demeure de Périphète, fils d'Héphaïstos. Il est boiteux d'une jambe et n'a qu'un œil. Malgré cela, il attaquait et battait sauvagement tous les voyageurs qui croisaient son chemin. Il s'emparait ensuite de tous leurs biens. Malheureusement pour le bandit, lorsqu'il tenta de tuer Thésée avec sa massue de bronze, le héros la lui arracha et le frappa à mort. Thésée garda alors la massue pour lui.

Au cours de ses voyages, Thésée rencontre un autre voleur, Sinis. Connu sous le nom de Pine-Bender, Sinis attachait un homme entre deux pins courbés, puis les relâchait. Lorsque les pins reprenaient leur position initiale, l'homme était brutalement déchiré en deux. Thésée le vainquit rapidement et lui réserva le même sort qu'à ceux qu'il avait tués. Le héros alla encore plus loin en couchant avec la fille de Sinis et en la fécondant.

Thésée se rendit au pays de Crommyon, où il rencontra la truie de Crommyon. Cette truie sauvage terrorisait le pays et Thésée la tua. Thésée rencontra ensuite un autre brigand, Sciron. Sciron était connu pour obliger les voyageurs à lui laver les pieds. Lorsqu'ils se penchaient pour le faire, il les jetait du haut de la falaise dans la mer où ils étaient dévorés par la tortue géante qui attendait affamée au fond de l'eau. Une fois de plus, Thésée rendit une justice poétique. Alors que Sciron s'apprête à lui donner un coup de pied, Thésée saisit le voleur et le jette du haut de la falaise. La tortue n'hésite pas à le dévorer.

Lorsque Thésée arriva à Éleusis, il rencontra le roi Cercyon. Le roi était connu pour défier les voyageurs dans un combat de lutte à mort. Cependant, Thésée était plus habile que le roi et l'a jeté au sol si violemment qu'il en est mort. Une fois de plus, Thésée coucha avec la fille de l'homme qu'il avait tué.

Le dernier obstacle que rencontre Thésée avant d'arriver à Athènes est Procruste. Procruste semblait être un homme aimable et hospitalier. Chaque fois qu'un voyageur passait, il lui offrait un lit pour passer la nuit. Cependant, tout voyageur qui acceptait et s'allongeait se voyait rapidement transformé par Procruste pour s'adapter au lit. Il leur coupait les jambes avec une hache s'ils étaient trop grands ou les allongeait en martelant leurs jambes s'ils étaient trop courts. Comme pour les autres, Thésée l'emporta. Et bien que Procruste s'adapte parfaitement au lit, le héros lui coupe les jambes et la tête.

Après un long et pénible voyage, le jeune prince arrive enfin à Athènes. Mais entre-temps, Égée s'est remarié avec l'enchanteresse Médée. Elle reconnaît rapidement Thésée et voit en lui une menace pour son fils, qu'elle considère comme le futur roi d'Athènes. Médée avait déjà prouvé qu'elle était impitoyable et assoiffée de sang en assassinant les deux enfants qu'elle avait eus du héros Jason, pour se venger du fait qu'il l'avait quittée pour une autre femme. Elle convainc Égée que cet étrange jeune homme représente un danger pour lui et convainc le roi de l'envoyer à la poursuite du taureau de Marathon. Ce taureau était auparavant connu sous le nom de taureau crétois, qu'Héraclès avait capturé dans le cadre de ses travaux. Comme son cousin, Thésée réussit à chasser et à capturer l'animal. Il l'amène devant Égée et Médée avant de le sacrifier aux dieux jumeaux Artémis et Apollon.

Mais Médée n'est pas découragée. Elle tente alors d'empoisonner le jeune prince au cours d'un festin. Heureusement, le roi Égée reconnut ses sandales et son épée et devina l'intention de sa femme. Le roi arrache immédiatement le vin des mains de son fils et bannit Médée. Égée accueille son fils et le nomme héritier du trône d'Athènes.

Thésée et le Minotaure

Thésée n'était pas à Athènes depuis longtemps qu'il découvrit le tribut que les Athéniens étaient obligés de payer au roi Minos de Crète. Chaque année, sept jeunes filles et sept guerriers étaient envoyés dans le labyrinthe de Crète où ils étaient dévorés par le Minotaure. Le roi crétois avait imposé cette taxe en punition du meurtre de ses fils par les Athéniens.

Ce Minotaure était le produit de la femme du roi Minos, Pasiphaé, et du taureau crétois. La reine avait reçu la malédiction de convoiter le taureau et avait couché avec lui en secret. Le résultat fut un enfant avec un corps humain et une tête d'homme. Minos, embarrassé, avait demandé au grand inventeur Dédale de construire un labyrinthe pour y enfermer le Minotaure.

Après avoir entendu parler du tribut, Thésée supplia son père de lui permettre de faire partie des guerriers choisis pour le sacrifice. "Je tuerai le Minotaure et je libérerai notre peuple."

Égée accepta à une condition.

"Promettez-moi que si vous partez pour revenir, vous ferez flotter des voiles blanches sur votre navire", dit le roi. "Ainsi, je verrai de loin les bateaux qui reviennent et je saurai que mon précieux fils est en vie.

Thésée accepta et partit avec le reste des tributs. Arrivé en Crète, il déclara hardiment au roi Minos qu'il tuerait le monstre du labyrinthe. Minos se moque de ses déclarations. Cependant, la bravoure et la noblesse du comportement de Thésée attirent l'attention de la princesse Ariane. Elle tomba profondément amoureuse de lui et décida de l'aider dans sa quête. La princesse supplia Dédale de lui révéler le secret de la navigation dans le labyrinthe. L'inventeur s'exécuta et lui donna une pelote de fil qu'elle offrit à Thésée.

"Laisse-le se défaire au fur et à mesure que tu avanceras dans le labyrinthe. Il t'aidera à retrouver le chemin de la sortie", dit-elle au jeune héros.

Thésée accepta le fil et s'enfonça dans les profondeurs du labyrinthe. Il trouva le Minotaure au centre et le tua après un bref combat. Le héros quitte alors le labyrinthe en suivant le fil. Il emmena la princesse, rassembla ses hommes et s'enfuit. Comme promis en échange de son aide, Thésée épousa Ariane lors d'une de leurs brèves escales sur une île.

Mais le mariage de Thésée et d'Ariane devait se terminer aussi vite que leur amour avait commencé. Alors que la princesse dort encore, Thésée et ses hommes montent à bord de leur navire et l'abandonnent. Elle se réveilla seule et fut dévastée. Cependant, le dieu Dionysos, qui était tombé amoureux d'elle, vint à son secours. Il en fit sa femme et l'emmena sur l'Olympe pour vivre avec lui.

Thésée, quant à lui, continuait à naviguer vers son pays. Dans toute cette agitation, il oublie la promesse faite à son père. Le roi éploré aperçoit les voiles noires du navire et se jette dans la mort. Ce qui aurait dû être un retour joyeux pour Thésée s'est transformé en un retour chagriné. Le jeune héros est couronné roi à la place de son père.

La mort de Thésée

Si Thésée était un grand roi qui a accompli beaucoup de choses, le choix de ses amis et ses relations avec les femmes l'ont conduit à sa perte. Il se lia d'amitié avec le roi Pirithoüs et tous deux se rendirent chez les Amazones pour capturer des épouses. La femme de Thésée lui donna un fils appelé Hippolyte. Mais Thésée se lassa d'elle et épousa Phèdre, la sœur d'Ariane. Phèdre tomba amoureuse d'Hippolyte, mais celui-ci la repoussa. Pour se venger, elle dit à Thésée que son fils l'a violée. Thésée, en colère, maudit son fils et Hippolyte finit par être tué par ses chevaux. Phèdre se pendit.

Thésée se met à la recherche d'une autre épouse. Pirithoüs et Thésée décidèrent qu'en tant qu'enfants de dieux, ils méritaient d'épouser des filles de dieux. Thésée choisit la jeune Hélène de Troie et l'enleva. Il donna l'enfant à sa mère pour qu'elle l'élève jusqu'à ce qu'elle soit en âge de se marier, mais le frère d'Hélène la sauva. Malgré la perte d'Hélène, Thésée accepta de se rendre aux Enfers pour capturer Perséphone afin que Pirithoüs puisse l'épouser. Ils échouèrent et furent punis pour leur crime.

Thésée resta dans les enfers pendant de nombreuses années avant d'être libéré par Héraclès. De retour à Athènes, il découvre qu'un nouveau souverain a été choisi. Ce dernier n'étant pas disposé à abandonner son trône, Thésée s'enfuit à Scyros, où le roi Lycomède l'accueille. Mais Lycomède était un partisan du nouveau souverain d'Athènes. Alors qu'il prétendait faire visiter l'île à Thésée, Lycomède poussa le héros du haut d'une falaise.

CONCLUSION

Pour les Grecs de l'Antiquité, la mythologie grecque était bien plus que de simples histoires. C'était une feuille de route qui leur enseignait comment vivre et comment pratiquer leur culte. Elle formait leur religion, dirigeait leur vie et les aidait à comprendre le monde qui les entourait. Les Grecs n'étaient pas enclins aux textes religieux étouffants. Ils accueillaient volontiers les conteurs qui leur permettaient de mieux comprendre les dieux.

Les Grecs croyaient en de nombreux dieux. Parmi les centaines qu'ils vénéraient, quatorze constituaient la pierre angulaire de leur religion. Douze d'entre eux étaient connus sous le nom d'Olympiens, dirigés par Zeus, le dieu du tonnerre et de la justice. Ces dieux n'étaient pas parfaits. Ils étaient violents, lubriques, capricieux et cruels. Ils se mêlaient des affaires des hommes, couchaient avec d'innombrables femmes et peuplaient la terre de demi-dieux et de monstres. Les Grecs pensaient que déshonorer les dieux ou ne pas les honorer suffisamment entraînait d'horribles conséquences.

Outre les dieux, les Grecs racontaient de nombreuses histoires de héros. Ces héros étaient souvent les enfants des dieux et accomplissaient de grandes actions. Ils étaient considérés comme des exemples de force et de courage. Cependant, nombre de ces héros ont connu un destin tragique en raison de leur orgueil et de leur manque de respect pour les dieux. Les Grecs ont autant appris des défauts des héros que de leurs exploits.

Aujourd'hui, la mythologie grecque est omniprésente dans la société moderne. Elle est présente dans la médecine, la philosophie, l'astrologie et le langage. Les histoires ont été racontées d'innombrables façons. Les histoires complexes et magnifiques de la mythologie grecque mettent en lumière l'état d'esprit d'un peuple ancien tout en captant l'imagination de la société actuelle.

www.ingramcontent.com/pod-product-compliance
Lightning Source LLC
Chambersburg PA
CBHW070810120626
46557CB00002B/792